Must Know Butterfly Story for Children

Butterflies are often thought of as the world's most beautiful insects. Butterflies have always held a certain fascination for mankind and particularly for collectors of the species.

Butterflies, however, not only are for the pleasures of the scientific or creative mind but are also an important part of ecosystems throughout the world. They and their moth relatives have roles as pollinators for flowers and, in their larval stage, as food source for birds. As herbivores that keep plant populations in balance.

When spring comes, we can see many beautiful flowers and butterflies. But, butterflies are disappearing, and over time, it will be harder and harder to see them. Where have they gone?

The Earth is getting hotter, threatening butterflies. Climate change is caused by various human activities. Each piece of trash we throw away piles up and destroys our ecosystem as a whole. Reckless destruction of nature by human beings has brought ecological catastrophies.

This book talks about an assortment of butterflies including endangered butterflies. This book can be used to discover abundant information about humans and butterflies.

If you read the book, you'll want to tell your peers how important the butterfly is so they can help protect it. Throughout this book, children can learn how to protect butterflies. Now, let's take a look and meet our lovely butterflies!

In the Text
* *What is a Butterfly?*
* *Characteristics of Butterflies*
* *Life of Butterflies*
* *The Disappearance of Butterflies*
* *Why butterflies disappeared*
* *How to protect butterflies*

춤추던 나비들은
어디에 숨었을까?

풀과바람 환경생각 10

춤추던 나비들은 어디에 숨었을까?
Must Know Butterfly Story for Children

1판 1쇄 | 2019년 6월 21일
1판 5쇄 | 2022년 10월 20일

글 | 김남길
그림 | 마이신(유남영)

펴낸이 | 박현진
펴낸곳 | (주)풀과바람
주소 | 경기도 파주시 회동길 329(서패동, 파주출판도시)
전화 | 031) 955-9655~6
팩스 | 031) 955-9657
출판등록 | 2000년 4월 24일 제20-328호
블로그 | blog.naver.com/grassandwind
이메일 | grassandwind@hanmail.net

편집 | 이영란
디자인 | 박기준
마케팅 | 이승민

ⓒ 글 김남길, 그림 마이신(유남영), 2019

이 책의 출판권은 (주)풀과바람에 있습니다.
저작권법에 의해 보호를 받는 저작물이므로 무단 전재와 복제를 금합니다.

값 11,000원
ISBN 978-89-8389-798-5 73490

※잘못 만들어진 책은 구입처에서 바꾸어 드립니다.

이 도서의 국립중앙도서관 출판예정도서목록(CIP)은 서지정보유통지원시스템 홈페이지(seoji.nl.go.kr)와
국가자료공동목록시스템(www.nl.go.kr/kolisnet)에서 이용하실 수 있습니다. (CIP제어번호 : CIP2019018219)

제품명 춤추던 나비들은 어디에 숨었을까? **제조자명** (주)풀과바람 **제조국명** 대한민국	⚠ **주의**
전화번호 031)955-9655~6 **주소** 경기도 파주시 회동길 329	어린이가 책 모서리에
제조년월 2022년 10월 20일 **사용 연령** 8세 이상	다치지 않게 주의하세요.
KC마크는 이 제품이 공통안전기준에 적합하였음을 의미합니다.	

춤추던 나비들은 어디에 숨었을까?

김남길 · 글 | 마이신(유남영) · 그림

풀과바람

머리글

　우리가 사는 세상에 어느 것 하나 소중하지 않은 것이 없습니다. 아무리 작은 플랑크톤이나 이끼 등의 생명체라도 살아가는 이유가 있지요. 사람은 어떤 종의 생물이 흔하게 보이면 관심의 대상에서 제외합니다. 그러다가 어느 순간, 한 종의 생물이 귀해지기 시작하면 뒤늦게 관심을 두지요. 그 생명체 중의 하나가 나비입니다.

　나비는 몸보다 날개가 큰 곤충입니다. 날갯짓이 느려서 팔랑팔랑하고 날지요. 바람이 한가로이 불면 너울너울 날아다녀요. 갑자기 센 바람이 불 때는 그대로 휩쓸려 날아가 버리지요. 나비는 연약한 곤충이니까요.

　평소 나비를 발견한 사람들은 한결같이 "예쁘다!", "아름답다!"고 외칩니다. 잡아 보고 싶은 마음이 굴뚝같지요. 누구든지 마음만 먹으면 나비를 곤충망으로 쉽게 잡을 수 있습니다. 나비는 약삭빠른 곤충이 아니니까요.

　과거에 나비는 매우 흔한 곤충이었어요. 도시 주위에서도 어렵지 않게 나비를 관찰할 수 있었거든요. 하지만, 요즘에 나비를 만나려면 나비 축제나 나비 공원을 방문해야 가능할 정도예요.

　야생에서 나비를 잡고 싶어도 만나기가 어렵다는 현실이 슬프기만 합니다. 나비는 어쩌다가 귀한 몸이 되었을까요? 우리 함께 꼭꼭 숨어 있는 나비를 찾아 떠나 볼까요?

김남길

차례

1. 나비는 얼마나 많을까? … 6
2. 나비의 특징 … 12
3. 나비와 나방은 무엇이 다를까? … 16
4. 애벌레의 먹이와 편식 … 20
5. 나비의 한살이 … 26
6. 나비는 익충 애벌레는 해충? … 42
7. 벌레 먹은 숲이 건강해 … 48
8. 나비의 천적 … 54
9. 공생과 육식 … 60
10. 나비의 세대 이어 주기 … 64
11. 나비가 사라지는 까닭은? … 70
12. 생각이 바뀌면 환경도 바뀐다 … 80

나비 관련 상식 퀴즈 … 86
나비 관련 단어 풀이 … 88

1. 나비는 얼마나 많을까?

우리나라 나비는 268종

나비는 곤충의 무리 중에 가장 진화한 부류에 속합니다. 지구에는 나비가 약 2만여 종이 있는데, 우리나라에는 268여 종이 살고 있습니다.

우리나라 나비를 좀 더 나누어 보면 호랑나비, 흰나비, 부전나비, 네발나비, 팔랑나비 5과로 구분할 수 있어요. '과'는 비슷한 종의 나비들을 한데 묶어 놓은 거예요.

각 과의 특징을 간략하게 살펴보면, 호랑나빗과는 날개 무늬가 호랑이 줄무늬 모양이에요. 흰나빗과는 주로 흰색이나 노란색을 띠는 나비들이지요. 부전나빗과는 몸이 작고 날개가 둥글며 날개 겉면은 남색, 청색, 구릿빛 따위로 선명해요. 네발나빗과는 앉아서 걸을 때 두 쌍의 다리로 걷는 종인데, 앞다리 한 쌍이 솔 모양으로 작게 퇴화했기 때문이에요. 팔랑나빗과는 몸이 대체로 굵고 거꾸로 춤을 추듯이 팔랑팔랑 날아다니는 종입니다.

보존된 자연이 최고의 서식지

한 종의 나비 수는 얼마나 될까요? 적게는 수백 마리에서 많게는 수천만 마리가 됩니다. 종마다 차이가 나는 것은 사는 환경 여건이 다르기 때문이에요.

뭐니 뭐니 해도 잘 보존된 자연이 동물에게 최고의 서식지입니다. 훼손된 자연에서는 먹고 살기가 어려워지면서 개체 수가 줄어들지요. 인간의 간섭이 덜 하고, 맑은 공기와 깨끗한 물, 풍부한 먹을거리가 있는 자연이야말로 나비가 바라는 최고의 환경 조건이랍니다.

나비 박사 석주명

우리나라의 나비를 체계적으로 조사하여 정리한 사람은 '나비 박사' 석주명(1908~1950)입니다. 그는 일제 강점기 때 전국의 산과 들을 돌아다니며 나비를 채집했어요. 그리고 일본 학자들이 잘못 기록해 놓은 우리 나비들의 이름(학명)과 분류를 바로잡는 데 일생을 바쳤습니다.

또한 나비의 독특한 무늬, 날아다니는 모양, 나타나는 시기 등을 세세히 관찰하여 순우리말로 된 나비 이름을 지었죠. '유리창나비', '봄처녀나비', '검은테떠들썩팔랑나비', '별박이세줄나비' 등의 고유한 나비 이름은 그렇게 탄생했답니다.

2. 나비의 특징

나비의 생김새

나비는 곤충으로 몸은 머리, 가슴, 배로 나뉩니다. 머리에는 각각 한 쌍의 더듬이와 두 개의 겹눈이 붙어 있고요. 가슴 위쪽에는 두 쌍의 날개, 가슴 아래쪽에는 세 쌍의 다리가 달려 있어요.

독특한 빨대 주둥이

나비는 달콤한 꿀이나 나무의 진액을 빨아 먹고 삽니다. 긴 주둥이는 나비가 꽃 속의 액체를 빨 수 있는 구조로 발달해 있어요. 평소 주둥이는 스프링처럼 돌돌 말려 있는 형태입니다. 수액을 먹을 때는 길게 펴지지요. 나비는 빨대 주둥이를 꽃대롱 속에 일일이 꽂아가며 꿀맛을 즐겨요.

방수 날개와 시맥

나비의 날개는 비늘로 덮여 있어요. 비늘은 가루의 형태이고 손으로 만지면 밀가루처럼 묻어나옵니다. 그것을 현미경으로 관찰하면 물고기 비늘 모양이에요. 비늘은 우비 같은 기능을 합니다. 빗방울이 나비의 날개로 떨어질 때 튕겨내어 젖는 것을 막아 주지요.

또한 날개에는 줄무늬 모양의 '시맥(날개맥)'이 있는데, 날개가 구부러지지 않게 받쳐 주는 뼈대 역할을 하지요. 시맥이 부러지면 나비는 날개가 꺾여서 비행 능력을 잃는답니다.

3. 나비와 나방은 무엇이 다를까?

나비와 나방의 차이점

나비와 나방은 비슷한 모습을 지녔지만, 나방은 나비보다 훨씬 많아서 세계적으로 20만여 종이나 됩니다. 우리나라에는 약 1500여 종의 나방이 살고 있어요. 일반적으로 나비와 나방을 구분하는 기준은 아래와 같습니다.

나비

나방

비교 항목	나비	나방
앉는 자세	날개를 접고 앉음	수평으로 펴고 앉음
더듬이 모양	가늘고 긴 성냥개비 또는 곤봉 모양	짧거나 두껍고, 복잡한 안테나 모양
활동 시간	주로 낮에 활동	주로 밤에 활동
날개맥	앞뒤 날개맥이 같음	앞뒤 날개맥이 다름
짝 찾기	눈이 발달하여 눈으로 찾음	감각 기관이 발달하여 페로몬 이용

번데기냐 고치냐

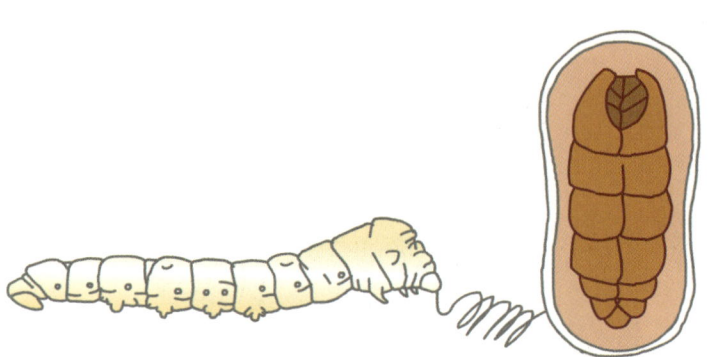 

나비와 나방은 모두 완전 탈바꿈(완전 변태)을 합니다. 즉 알, 애벌레(유충), 번데기, 어른벌레(성충) 순으로 성장하지요.

하지만 두 종은 번데기가 되는 과정에서 조금 다릅니다. 나방 애벌레 대부분은 번데기가 되기 전에 고치를 만듭니다. 고치는 애벌레의 침낭이에요. 애벌레가 입에서 실을 뽑아 제 몸을 친친 감아 만든 것으로 몸을 보호하는 역할을 하죠.

    산누에나방이나 가중나무고치나방 등은 고치를 만든 뒤에 번데기로 변신하지요. 그와 달리 나비는 나방처럼 고치를 만들지 않습니다.

    나비 애벌레 대부분은 안전한 곳을 찾아 입에서 실을 내어 몸을 단단히 고정하고 번데기가 되기 시작해요. 딱딱한 번데기 껍질이 몸을 보호하지요.

4. 애벌레의 먹이와 편식

애벌레의 생김새

애벌레의 몸도 머리, 가슴, 배로 나뉘어요. 머리는 작고 잎사귀를 갉아 먹을 수 있는 딱딱한 턱이 있어요. 가슴에는 세 쌍의 진짜 다리가 달려 있고, 주름진 채 길게 늘어진 배에는 네 쌍의 '배다리'가 붙어 있어요. 배다리는 애벌레가 기어 다니기 편하도록 임시로 생겨난 '가짜 다리'예요. 번데기가 된 뒤에 사라지지요. 애벌레는 가슴다리로 전진하고 배 주름을 당겨서 이동한답니다.

나비와 애벌레는 먹는 것이 달라요

완전 탈바꿈을 하는 곤충은 놀랍게도 애벌레와 어른벌레의 생김새가 전혀 다릅니다. 꿈틀꿈틀 애벌레를 보노라면 팔랑팔랑 아름다운 나비로 바뀐다는 사실이 잘 믿어지지 않지요.

생김새뿐만 아니라, 애벌레와 어른벌레는 식성도 다릅니다. 애벌레는 식물의 연한 잎사귀나 줄기를 먹고 살지만, 나비는 꽃의 단물을 즐겨 먹어요.

애벌레의 종마다 좋아하는 식물이 따로 있어요. 어미는 애벌레에게 무엇을 먹여야 하는지 잘 알고 있습니다. 단골 식당의 메뉴가 머릿속에 입력되어 있거든요. 그래서 반드시 애벌레가 좋아하는 식물에 알을 낳습니다. 그 예를 살펴볼까요?

매운 식물을 좋아하는 배추흰나비 애벌레

배추흰나비는 매운맛이 나는 겨잣과 식물에 알을 낳습니다. 배추, 양배추, 무, 순무, 케일, 갓, 유채, 겨자 등은 애벌레가 좋아하는 먹이입니다. 어미가 선택할 수 있는 단골 식당이 많을수록 애벌레의 생존에 유리합니다. 가령, 배추가 귀해지면 어미는 무를 선택하여 애벌레를 키워낼 테니까요. 같은 시기에 나비는 장다리꽃, 엉겅퀴, 개망초, 냉이 등의 꽃에서 달콤한 꿀을 빨아 먹지요.

편식쟁이 꼬리명주나비

꼬리명주나비 애벌레는 쥐방울덩굴 잎사귀만 먹고 살아요. 오직 한 가지 메뉴만 고집하는 편식쟁이에요. 어미는 미래에 태어날 자녀들을 나무랄 처지가 되지 못해요. 자기도 그렇게 살아왔으니까요.

문제는 지나친 편식으로 먹이를 찾는 데 어려움이 많다는 것이죠. 한 가지 먹이를 먹더라도 그 식물이 흔한 종이라면 문제 될 것이 없지만, 꼬리명주나비가 유일하게 먹는 쥐방울덩굴은 흔한 식물이 아니에요. 어미는 번식기마다 아가들에게 물려 줄 식당을 찾아 온 산야를 휘저으며 날아다니지요.

먹이는 동물이 살아가는 데에 꼭 필요한 근본 조건이에요. 편식을 즐기는 나비의 생존율은 떨어질 수밖에 없어요. 꼬리명주나비는 현재 환경부 보호종으로 보호를 받으며 겨우 목숨을 이어가고 있답니다.

그 밖에 나비 애벌레들이 즐겨 먹는 식물을 소개합니다.

가래나무 - 긴꼬리부전나비

팽나무 - 유리창나비, 뿔나비, 왕오색나비

쥐똥나무 - 선녀부전나비

산초나무 - 호랑나비, 제비나비, 긴꼬리제비나비, 대왕팔랑나비

제비꽃 - 구름표범나비, 암검은표범나비, 풀표범나비

아까시나무 - 노랑나비, 범부전나비, 왕팔랑나비

강아지풀 - 시골처녀나비, 산팔랑나비

참억새 - 부처나비, 봄처녀나비, 굴뚝나비, 눈많은그늘나비

조팝나무 - 꼬마까마귀부전나비, 별박이세줄나비, 두줄나비

쐐기풀 - 북방거꾸로여덟팔나비, 쐐기풀나비

느릅나무 - 큰멋쟁이나비, 산네발나비, 갈구리신선나비

참나무 - 대왕나비, 깊은산녹색부전나비, 귤빛부전나비

5. 나비의 한살이

나비 알　　　　　　　애벌레

　생물이 태어나서 죽을 때까지의 과정을 '한살이'라고 해요. 나비의 한살이 기간은 40~50일 정도예요. 나비는 종마다 사는 기간이 다르지만, 하루하루 삶과 죽음을 다툴 정도로 치열하게 살아갑니다. 저마다 후손을 남기려고 어려움을 극복하며 열심히 살지요. 호랑나비의 한살이를 예로 살펴볼까요?

번데기   어른벌레

짝짓기

따뜻한 봄, 호랑나비 무리가 짝짓기를 합니다. 암수가 꽃잎 위에 앉아 서로 꽁지를 맞대고 사랑을 나누지요. 호랑나비는 날개 무늬가 호랑이 무늬와 비슷하여 붙여진 이름입니다. 일명 '범나비'로 통하기도 해요.

알 낳기

호랑나비 애벌레는 짙은 향이 나는 식물을 좋아합니다. 귤나무, 탱자나무, 유자나무, 산초나무는 호랑나비 애벌레의 단골 식당이에요.

호랑나비 암컷은 산란기가 되면 향기 나는 식당으로 날아옵니다. 그리고 잎사귀가 연한 나뭇잎에 한두 개의 알을 낳아요. 나방처럼 알을 수십 개씩 한데 뭉쳐 낳지 않습니다. 좁은 공간에 애벌레가 많으면 서로 먹이 다툼을 벌이다가 영양 부족으로 죽을 수 있거든요.

어미는 귀여운 아가들이 영양실조에 걸리는 것을 원치 않습니다. 애벌레가 허약하게 자라면 나중에 나비로 탈바꿈하지 못하게 될 수 있으니까요.

또한 애벌레가 한데 뭉쳐 있으면 천적의 눈에 쉽게 띄어요. 한꺼번에 새들의 먹이가 될 수 있습니다. 한 마리 나비의 대가 끊어지는 것은 순식간이거든요. 어미는 그런 위험을 미리 방지하기 위해 드문드문 알을 낳는 거예요.

애벌레의 생명을 지키려는 어미의 깊은 배려입니다. 호랑나비는 애벌레의 밥상을 찾아다니며 약 300~400여 개의 알을 골고루 낳는답니다.

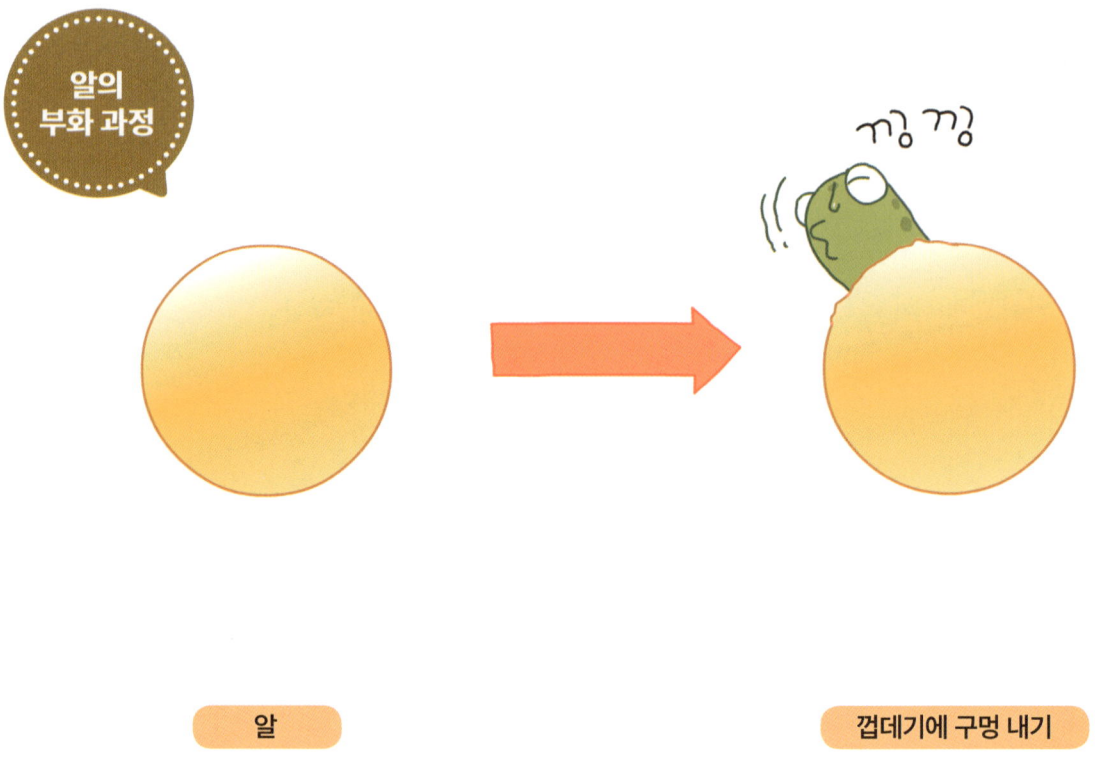

애벌레의 탄생

호랑나비의 알은 노란 옥수수 모양이에요. 애벌레는 4~5일쯤에 알에서 깨어납니다. 좁쌀처럼 작은 애벌레가 알에서 나와 가장 먼저 하는 일은 알껍데기를 먹어 치우는 것입니다. 누가 가르쳐 주지 않아도 본능적으로 알아서 척척 행동하지요.

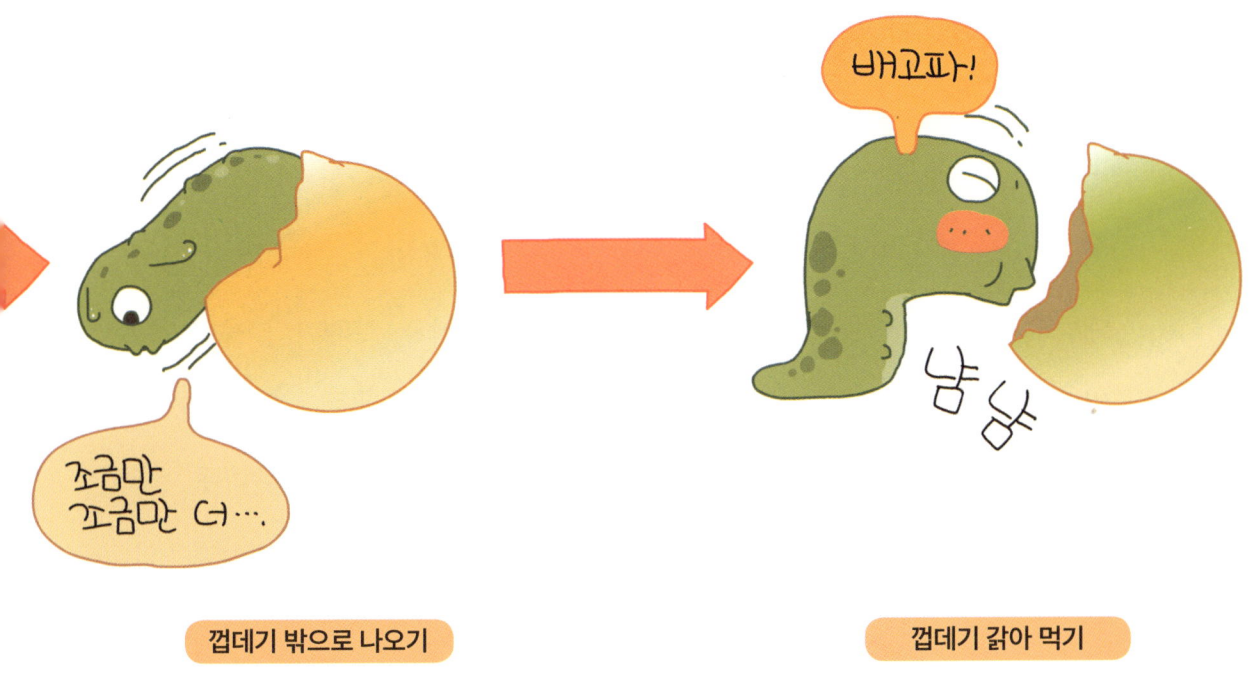

알껍데기는 단백질로 되어 있는데, 단순한 밥 한 끼가 아닙니다. 애벌레의 면역력을 길러 주는 고급 영양제입니다. 나비의 유전 프로그램에는 알껍데기를 먹고 난 뒤에 잎사귀를 먹게 되어 있어요.

만약에 애벌레가 알껍데기로 첫 식사를 하지 않고 잎사귀를 먹으면 어떻게 될까요? 식물에서 나오는 독소를 이겨내지 못하고 죽어 버리지요. 그래서 애벌레는 알에서 태어나자마자 자기 밥그릇을 무조건 챙겨 먹는답니다.

애벌레의 성장

애벌레는 잎을 갉아 먹으며 성장합니다. 날마다 먹고 자고 싸는 일을 반복하죠. 몸이 어느 정도 자라면 애벌레는 탈피(허물벗기)합니다. '탈피'는 애벌레가 자라면서 껍질을 벗는 거예요. 애벌레 껍질은 단단한 키틴질로 되어 있어 더 크게 자라기 위해서는 허물을 벗어야 하죠.

애벌레는 허물벗기를 할 때마다 1령씩 나이를 먹어요. 그때마다 몸도 커지고 모습도 바뀝니다. 호랑나비 애벌레는 3령이 되면 새똥 모양이에요. 벌레가 아닌 것처럼 시치미를 떼고 눈속임하죠. 5령 때 애벌레는 나뭇잎과 비슷한 보호색을 띱니다. 그때는 누군가에게 위협을 받으면 머리에서 '취각'이라는 냄새뿔을 내밉니다. 고약한 냄새로 천적을 쫓아내지요.

번데기가 되다

5령이 된 다 자란 애벌레는 안전한 곳을 찾아 번데기가 될 준비를 해요. 입에서 실을 한 가닥 뽑아서 나뭇가지에 몸을 고정하죠. 그러고 나서

주변의 색과 닮아가요.

꼼지락거리며 마지막 허물을 벗습니다. 애벌레는 어느새 갑옷을 입은 번데기의 모습으로 바뀌지요.

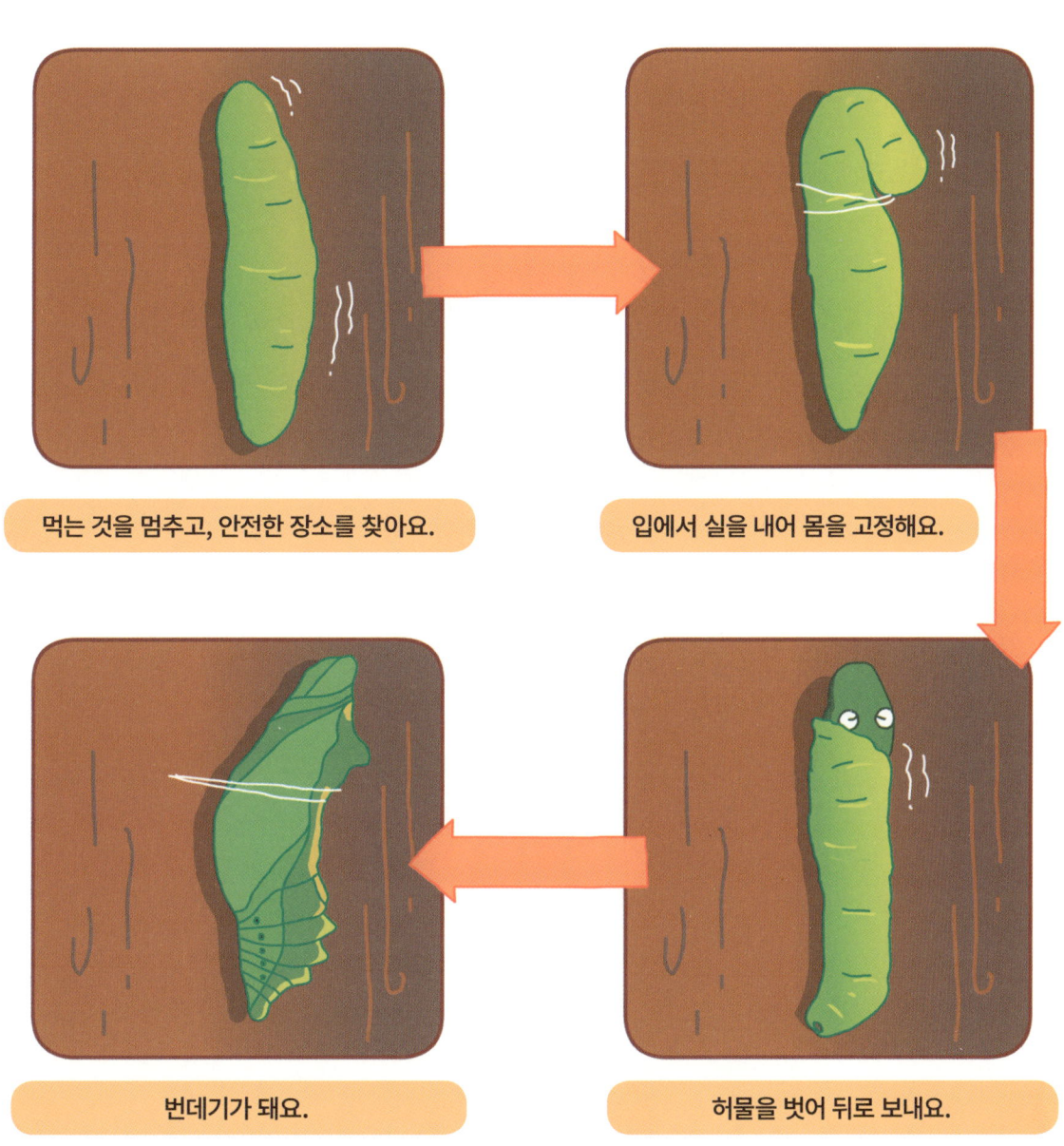

먹는 것을 멈추고, 안전한 장소를 찾아요.

입에서 실을 내어 몸을 고정해요.

번데기가 돼요.

허물을 벗어 뒤로 보내요.

번데기의 위장술

번데기는 호랑나비 애벌레처럼 머리가 위쪽으로 향한 채 꼿꼿이 매달리는 때도 있지만, 대부분의 번데기는 거꾸로 매달립니다. 잎이나 줄기에 꽁지를 붙여 놓고 물구나무 자세로 매달리지요.

그럴 때 사람이 번데기를 살짝 건드리면 어떻게 하는지 아세요? 번데기는 '건들지 마!' 하는 뜻으로 몸을 심하게 흔들며 화를 낸답니다. 웃기지요?

신기한 것은 번데기의 보호색이에요. 아무것도 볼 수 없는 번데기는 주위의 환경과 거의 비슷한 색깔로 위장한답니다. 가령 나뭇가지에 매달린 번데기는 나무색으로 바꾸고, 잎사귀에 붙어 있는 번데기는 이파리 색으로 위장하는 거예요.

번데기 시절은 어른벌레로 탈바꿈하기 위한 마지막 몸만들기 작업이에요. 어른이 되기 위해서는 약 10~30일 정도의 시간이 필요하답니다.

번데기가 돼요.

번데기 표면이 투명해지고 날개의 무늬와 눈이 보여요.

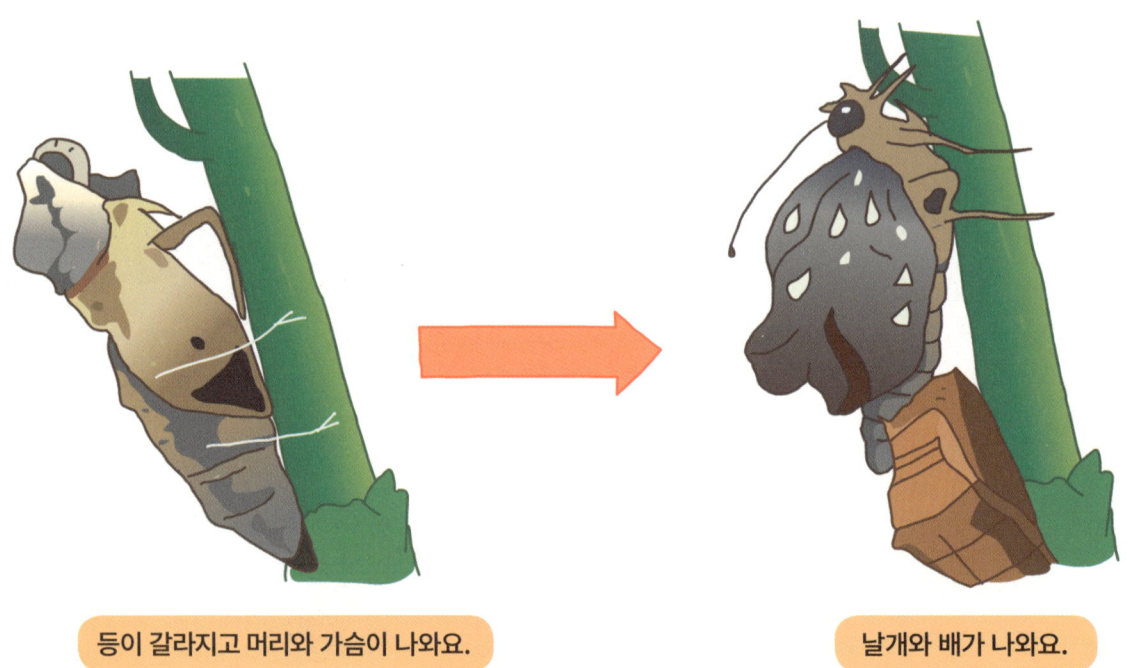

등이 갈라지고 머리와 가슴이 나와요.

날개와 배가 나와요.

갓 나온 호랑나비의 날개는 구겨지고 젖어 있어 날지 못해요.

나비의 탄생

밤낮으로 단잠에 빠져 있던 번데기는 언제쯤 깨어날까요? 번데기는 날씨가 맑은 날을 선택하여 날개돋이를 합니다. 햇빛에 날개가 잘 말라야 아름다운 모습으로 태어나니까요.

날개돋이를 '우화'라고 하는데, 나비가 번데기의 껍질을 뚫고 나와서 날개를 활짝 펴는 순간이에요. 그 시간이 끝나면 나비는 날개를 흔들어 첫 비행을 시작하지요. 만약에 날개에 문제가 있어 펴지지 않는다면 나비는 날 수 없어요. 번데기에서 나비가 온전하게 나올 수 있는 확률은 겨우 1%밖에 되지 않는답니다.

호랑나비는 구겨진 날개를 펴고 말린 뒤 날아가요.

탈바꿈의 차이

앞에서 살펴보았듯이 나비는 알, 애벌레, 번데기, 어른벌레의 성장 과정을 거칩니다. 이것을 '완전 탈바꿈' 또는 '완전 변태'라고 하지요. 곤충의 완전 탈바꿈에는 반드시 '번데기' 시절이 있답니다.

잠자리 알

이와 달리 번데기 시기를 거치지 않고 애벌레가 바로 어른벌레가 되는 곤충들이 있어요. 매미, 메뚜기, 사마귀, 대벌레 등이죠. 이 곤충들은 몸이 커질 때마다 탈피하고 껍데기만 갈아입어요. 그래서 애벌레와 어른벌레의 모습이 거의 비슷해요. 이런 불완전 탈바꿈은 완전 탈바꿈보다 덜 진화한 상태랍니다.

6. 나비는 익충 애벌레는 해충?

사람의 눈에는 모든 애벌레가 해충

 곤충의 세계에서 익충과 해충의 경계는 어디일까요? 사람은 모호한 그 경계를 간단하게 나누어 놓았어요. 인간에게 이로움을 많이 주는 곤충은 익충입니다. 반대로 인간에게 피해를 주는 곤충은 해충의 꼬리표를 붙이지요.

 그렇게 해서 나비는 익충이 되고 애벌레는 해충이 되었어요. 인간의 단순한 판단으로 부모와 자식이 극과 극의 대우를 받게 된 것이죠. 애벌레는 정말로 해충인지 어디 한 번 따져볼까요?

식물의 수분을 돕는 나비

생태계에서 식물은 생산자입니다. 지구 위 모든 동물을 먹여서 길러내는 먹이 창고예요. 튼튼한 열매를 맺어 자손을 세상 널리 퍼뜨리는 것이 식물의 인생 목표입니다. 나비는 식물이 종자를 생산하는데 직접적인 도움을 줍니다.

꽃 피는 계절이면 나비는 달콤한 꿀을 빨기 위해 일일이 꽃을 찾아서 날아다녀요. 이때 나비의 몸에 수술의 꽃가루가 달라붙고, 다시 꽃의 암술에 앉을 때 수정이 이루어져요. 식물의 수정은 수술의 꽃가루가 암술과 만나면서 이루어집니다. 나비는 식물의 번식을 돕는 위대한 공로자인 셈이죠.

아름다운 나비는 익충

나비는 빛깔이 아름다워 누구나 좋아합니다. 잡아 보라며 날갯짓할 때는 사람의 두 눈을 더욱 사로잡지요. 매력이 넘치는 곤충이다 보니 표본으로 두고 보면서 즐기는 사람도 있지요.

나비를 함부로 대하는 친구들은 거의 없어요. 반가워하며 유심히 관찰할지언정 돌을 던지지는 않잖아요? 그렇게 보면 나비는 어여쁜 익충이 틀림없습니다.

미움받는 애벌레

누구나 나비는 아름다운 곤충으로 생각합니다. 하지만 그 자손인 애벌레는 좋아하지 않습니다. 알다시피 애벌레는 어미와 다르게 털이 나 있고 징그러워 보이니까요. 애벌레는 사람에게 사랑받기에 너무나 많은 약점이 있습니다.

농작물 해치는 애벌레는 해충

애벌레가 미움받는 까닭은 단지 생김새 때문이 아니에요. 농작물에 피해를 주는 대표적인 해충이기 때문입니다. 실제로 애벌레는 숲과 농작물을 빠르게 해칠 수 있는 능력이 있어요. 나뭇잎을 닥치는 대로 갉아 먹어 숲과 귤밭, 배추밭 등을 엉망으로 만들 수 있지요.

더구나 몸에 나 있는 잔털이 사람의 살갗에 닿으면 따끔따끔 아프게 하고 알레르기를 일으켜요. 이런 까닭에 어떤 애벌레건 해충이란 굴레에서 벗어나기는 어려워 보입니다.

7. 벌레 먹은 숲이 건강해

생태계의 순환

자연 생태계의 순환 시스템은 생산자(식물), 소비자(동물), 분해자(박테리아)로 이루어져 있습니다. 식물은 양분을 만들고 소비자는 그 양분을 먹거나 서로 먹고 먹혀 죽어 분해자를 통해 자연으로 돌아가지요.

이 순환 시스템은 건강한 생태계의 질서를 유지하는데 중요한 요소로 작용합니다. 어느 한 곳에 구멍이 생기면 생태 환경이 무너지고 말아요.

가령, 숲에 불이 나면 식물이 모두 죽어 버려요. 동시에 그 서식지에 살았던 동물들도 거의 사라져 버리지요. 이것은 생태계의 구성(먹이 피라미드)이 먹이 사슬로 엮여 있기 때문이에요.

애벌레는 1차 소비자

자연에서 애벌레는 식물을 먹고 사는 1차 소비자입니다. 1차 소비자는 2차 소비자인 육식 동물의 먹이가 돼요. 비록 작은 벌레지만 단백질 성분이 풍부해 육식 동물의 배를 든든하게 채워 주지요.

먹이 피라미드에서 애벌레가 사라지면 육식 동물도 살아남기 어려워요. 숲에 애벌레의 수가 갑자기 줄었다고 가정해 볼까요? 그러면 애벌레를 잡아먹던 새가 먹이 부족으로 줄어들어요. 뒤이어 새를 잡아먹던 맹금류도 사냥이 어려워지지요.

동물의 먹이는 생명을 지키고 종족의 대를 이어 주는 기초 에너지입니다. 먹이가 부족해지면 동물이 번식하는 데 큰 어려움을 겪어요. 애벌레는 식물과 육식 동물 사이에서 고급 단백질로 희생되는 중개자 역할을 하고 있어요. 그러므로 해충으로 욕을 먹기에는 너무 가여운 존재랍니다.

애벌레가 많으면 새들도 많아진다

생태계의 질서는 사람이 망가뜨리지 않는 한 자연적으로 보존되고 치유됩니다. 어느 날 갑자기 숲에 애벌레가 부쩍 늘어나더라도 그 숲은 쉽게 망가지지 않아요.

동물은 지혜롭게도 해마다 먹이의 양을 측정하여 자손들을 번식시킵니다. 숲에 애벌레가 많아지면 새들은 알을 더 낳아 새끼들을 길러내지요. 먹이가 풍부했을 때 자손을 부쩍 늘리는 것은 모든 동물의 본능이에요. 애벌레가 많아지면 숲이 망가지는 것이 아니라 더욱더 활기찬 숲으로 거듭나게 되지요.

그와 반대로 숲에 애벌레가 적으면 새들은 어떻게 할까요? 새끼들을 적게 키우는 쪽으로 방향을 잡아 알을 적게 낳습니다. 먹이 사슬 관계에 무리가 가지 않도록 현명하게 대처하는 거예요. 설령 알을 많이 낳아 새끼들이 많이 부화했더라도 다 키우지 않아요. 서로 경쟁을 시켜서 강한 녀석만 살아남게 하지요.

모름지기 건강한 숲에는 벌레가 들끓고 새들이 모여들기 마련이에요. 새들이 모여들면 3차, 4차 소비자들도 몰려오게 되지요. 자연히 생태계 순환이 잘되는 것입니다.

8. 나비의 천적

새가 제일 무서워

새는 나비 애벌레의 가장 큰 천적입니다. 애벌레가 보호색으로 위장하여도 새들은 감쪽같이 찾아냅니다. 새들의 눈에 애벌레는 한낱 느려터진 진수성찬으로 보일 뿐이에요. 애벌레가 꼼지락거리는 순간, 바로 납치해 버리지요. 약 90%의 애벌레가 나비로 성장하지 못하고 새들의 먹이가 됩니다.

애벌레를 잡아먹는 육식 곤충들

나무 한 그루에 애벌레가 너무 많으면 먹이가 부족해집니다. 그러면 애벌레들은 먹고 살기 위해 기어 내려오거나 입에서 실을 내어 타고 탈출을 시도하지요. 땅바닥을 기어 이파리가 싱싱한 다른 식당을 찾아 떠납니다.

육식을 즐기는 천적들은 이때를 놓치지 않습니다. 당장 달려들어 애벌레를 덮치지요. 사마귀는 애벌레를 앞다리로 움켜쥐고 오물오물 뜯어 먹습니다. 노린재는 애벌레의 몸에 주둥이를 박고 육즙을 빨아먹지요. 개미는 애벌레를 사정없이 물어뜯습니다. 그 밖에 홍단딱정벌레, 길앞잡이, 여치 등의 육식 곤충도 합세하여 애벌레 만찬을 즐기지요.

번데기는 맵시벌의 인큐베이터

애벌레가 번데기가 되기를 기다렸다가 덮치는 육식 곤충도 있습니다. 맵시벌은 호랑나비의 번데기를 인큐베이터로 사용합니다. 산란관을 호랑나비의 번데기 속에 꽂아 넣고 알을 낳지요. 뒷날, 맵시벌 후손들은 번데기 속을 파먹고 성충이 되어서 탈출하지요.

기생파리의 먹이 창고는 번데기

기생파리도 애벌레를 노리는 천적입니다. 애벌레가 4, 5령의 나이가 되었을 때 접근하여 애벌레의 몸속에 알을 낳아요. 기생파리의 알은 애벌레의 몸속에서 부화하여 무럭무럭 자라납니다. 영양분을 빼앗긴 애벌레는 서서히 죽고, 그 몸속에서 기생파리의 애벌레들이 세상 밖으로 나오지요.

번데기에서 후손을 길러내는 고치벌

고치벌은 나비 번데기나 나방의 고치 속에 알을 낳아 후손을 키웁니다. 번데기의 주인은 고치벌의 자손들에게 식량으로 희생되지요. 나중에 고치 속에서는 고치벌의 자손들이 태어나 날아가 버린답니다.

성충이 되는 확률 1퍼센트

애벌레가 천적을 피하여 나비가 될 수 있는 확률은 겨우 1%에 불과합니다. 그 1%마저도 온전히 살아서 대를 잇지는 못해요. 어른이 되어도 목숨을 노리는 천적이 사방에 깔려 있으니까요. 나비는 너울너울 날다가 거미줄에 걸리면 끝장입니다. 비바람에 날개라도 부러지면 더는 움직일 수 없지요. 서로 먹고 먹히는 생태계에서 나비가 살아남아 대를 잇는 일은 정말 기적 같은 일일지도 모릅니다.

9. 공생과 육식

'공생'은 종류가 다른 생물이 서로 도우며 함께 사는 일을 뜻합니다. 놀랍게도 애벌레 중에는 개미와 사이좋게 어울리며 살아가는 종이 있답니다. 더욱더 놀라운 것은 육식을 좋아하는 애벌레도 있다는 거예요.

밥 주니까 단물 주네

쌍꼬리부전나비와 마쓰무라꼬리치레개미는 먹이를 나누어 먹는 공생 관계에 있습니다. 쌍꼬리부전나비는 마쓰무라꼬리치레개미들이 지나다니는 나뭇가지 길목에 일부러 알을 낳습니다. 알에서 애벌레가 태어나면 개미들은 입에서 먹이를 토하여 애벌레에게 먹이지요. 애벌레는 그 보답으로 배에서 단물을 쏟아냅니다. 개미들은 그 단물을 얻기 위하여 계속 애벌레에게 먹이를 주며 키워 준다고 해요.

단물 주니까 고기 주네

고운점박이푸른부전나비와 큰점박이푸른부전나비는 털개미와 먹이 공생을 합니다. 두 나비의 애벌레는 나뭇잎을 먹고 3령쯤 자랐을 때 털개미와 함께 살아갑니다.

먼저 털개미가 애벌레를 물어서 개미집으로 데려갑니다. 애벌레는 털개미의 알과 애벌레로 식사를 하고 몸에서 나오는 단물을 개미들에게 제공합니다. 나비 애벌레는 먹이가 풍부해서 좋고, 개미는 달콤한 단물을 집 안에서 받아먹을 수 있어 좋습니다.

진딧물을 잡아먹는 나비 애벌레

우리나라의 나비 애벌레 중에서 육식하는 종이 있습니다. 바둑돌부전나비와 민무늬귤빛부전나비의 애벌레가 그 주인공입니다. 바둑돌부전나비는 산란기 때 대나무나 조릿대 잎에 알을 낳습니다. 그곳에는 애벌레가 즐겨 먹는 일본납작진딧물이 살고 있거든요. 바둑돌부전나비 애벌레는 대나무의 해충인 그 진딧물을 사정없이 먹어 치우지요.

한편, 민무늬귤빛부전나비의 애벌레는 참나무에 사는 진딧물을 먹고 살아요. 두 나비의 애벌레는 보기 드물게 육식을 좋아하는 바람에 익충으로 소문이 나 있답니다.

10. 나비의 세대 이어 주기

나비의 수명

나비의 수명은 종마다 달라서 한마디로 정의하기 어려워요. 성충 대부분은 20~30일을 살아요. 멧노랑나비나 뿔나비는 어른으로 장장 10개월을 살기도 해요.

나비의 발생

나비가 나타나는 시기를 '발생'이라고 합니다. 나비의 종에 따라 1년에 1~3회 정도의 발생이 일어납니다. 1년에 딱 한 번만 발생하는 나비는 대부분 보호종입니다. 한 해에 두 번 발생하는 나비는 봄과 여름에 나타납니다. 1년 중 3회 발생하는 나비는 봄, 여름, 가을에 차례로 발생하여 활동하지요. 나비는 1세대 어미가 알을 낳고 죽으면 그 알에서 2세대의 애벌레가 태어납니다.

1회 발생 – 유리창나비, 멧노랑나비, 상제나비, 뿔나비, 모시나비 등
2회 발생 – 홍점알락나비, 거꾸로여덟팔나비, 범부전나비 등
3회 발생 – 호랑나비, 배추흰나비, 꼬리명주나비 등

여름 나비가 화려해

같은 종의 나비라도 봄형 나비보다 여름형 나비가 화려합니다. 그것은 기온과 깊은 관계가 있어요. 나비는 기온이 높아질수록 신진대사가 활발해지며 날개 색소도 진하게 변하지요. 봄보다 여름형의 나비가 더 화려한 것은 여름의 기온이 훨씬 높기 때문이에요.

한편, 열대 지방에 사는 나비는 우리나라의 나비보다 훨씬 더 화려한 종이 많습니다. 첫째는 기온이 우리나라보다 더 높은 것이 원인이지요. 두 번째는 수나비들의 짝짓기 경쟁 때문이에요. 짝짓기 시즌 때 암나비는 수나비의 화려한 날개를 보고 선택합니다. 색깔이 선명하고 화려한 수나비일수록 짝짓기 상대로 유리하다고 해요. 수나비들은 암나비에게 잘 보이기 위해 더욱 화려한 빛깔로 뽐내게 되는 것이죠.

짝짓기 경쟁이 수나비의 날개 색을 더욱더 화려하고 아름답게 바꾸어 놓은 셈입니다. 배우자 선택 방법은 오랫동안 진화를 통하여 이루어진 결과랍니다.

나비의 겨울나기

차가운 바람이 씽씽 부는 겨울에 나비는 활동하지 않습니다. 모두 어디로 사라지는 것일까요? 나뭇가지, 나무 틈새, 나무 구멍, 낙엽 속을 살펴보

아요. 나비의 후손들이 꼭꼭 숨어서 쿨쿨 잠을 자고 있을 거예요. 나비의 겨울나기를 '월동'이라고 합니다. 월동은 나비마다 달라서 알, 애벌레, 번데기, 어른벌레에 이르기까지 모두 나타납니다.

알로 겨울나기
깊은산부전나비, 암고운부전나비, 선녀부전나비

애벌레로 겨울나기
대왕나비, 밤오색나비, 흑백알락나비

번데기로 겨울나기
산제비나비, 산호랑나비, 청띠나비, 배추흰나비

어른벌레로 겨울나기
각시멧노랑나비, 대왕팔랑나비, 뿔나비

11. 나비가 사라지는 까닭은?

 야생 동물은 자기가 좋아하는 환경에 뿌리를 내리고 사는 습성이 있습니다. 장소는 숲, 들판, 개울, 산, 강, 바다 등 어느 곳이나요. 먹이가 많고 천적이 적은 장소라면 최적의 서식지예요.

오늘날, 자연 서식지는 인간의 간섭으로 나날이 줄어드는 추세예요. 자연을 가장 빠르게 훼손하는 파괴범은 사람이니까요. 문명의 힘이 그 흔했던 나비의 개체 수를 줄어들게 하였죠.

농업 국가에서 산업 국가로

우리나라는 1970년대 초반까지 농업을 주요 산업으로 하는 나라였어요. 대부분의 사람은 농사를 지어 먹고 살았어요. 큰 도시 말고는 거의 푸른 녹색 지대였죠. 풀밭에는 메뚜기가 뛰어다니고 온 천지에는 나비가 날아다녔어요. 시골의 초가집 지붕 속에는 굼벵이들이 모여 살고 마당에는 개구리가 뛰어다녔지요. 이때는 사람과 동물이 조화롭게 어울려 살았답니다.

그러나 1970년대 이후, 우리나라는 산업 국가로 변하기 시작했습니다. 전국 곳곳에 공장이 세워지고 수많은 일자리가 생겨났어요. 농사를 짓던 사람들은 일자리를 찾아 고향을 떠났어요. 도시 인구가 급속히 늘어나면서 도시도 점점 커졌습니다. 상대적으로 자연 녹지는 줄어들었지요.

서식지를 잃은 야생 동물은 어떻게 되었을까요? 도시 주위에서 방황하다 적응할 수 없는 문명과 마찰이 생겼습니다. 차에 치이거나 해로운 짐승으로 낙인이 찍혀 도망 다니는 신세가 되었지요. 우리가 나비를 쉽게 만나지 못하는 이유 중에 하나도 서식지의 감소 때문이에요.

불행한 해충, 배추흰나비

오래전부터 배추흰나비는 가장 흔히 볼 수 있는 곤충에 속했어요. 하지만 요즘은 좀처럼 보기가 어려워요. 그 이유는 살충제 때문이에요.

농부는 농작물에 해를 끼쳐 재산의 가치를 떨어뜨리는 벌레의 존재를 인정하지 않습니다. 밭에서 발견하는 즉시 살충제로 박멸하지요. 푸대접이 이만저만이 아닙니다.

불행히도 배추흰나비 애벌레가 좋아하는 배추, 무 등의 식물은

대부분 사람의 손으로 길러지는 농작물입니다. 배추흰나비는 부득이 그 농작물에 접근할 수밖에 없는 처지예요. 야생에서 자라나는 배추와 무는 거의 찾아보기 어려우니까요. 벌레 먹은 배추는 농부도 싫어하고 소비자도 싫어합니다. 그것이 애벌레에게는 가장 큰 불행입니다. 강력한 살충제는 애벌레가 정상적으로 살아서 대를 잇는 것을 불가능하게 한답니다.

기후의 영향을 받는 나비

나비는 스스로 열을 조절하는 능력이 없어서 온도 변화에 민감한 곤충입니다. 특히 오랜 기후 변화는 나비의 생태에 영향을 끼쳐요. 가령 특정 지역의 기온이 해마다 꾸준히 올라가면 나비의 서식지도 북쪽으로 이동하지요. 최근 한 조사에 따르면 유럽과 북미의 나비들은 과거 20여 년 전보다 35~240킬로미터 북쪽으로 올라갔다고 해요. 반대로 예년보다 기온이 떨어지는 해에는 식물의 성장이 더뎌져 나비의 발생률도 떨어진다고 합니다.

2010년 국립 생물 자원관은 '국가 기후 변화 생물 지표 100종'을 선정하여 발표했어요. 그중 나비는 암끝검은표범나비, 물결부전나비, 먹그림나비, 푸른큰수리팔랑나비, 남방노랑나비, 소철꼬리부전나비, 무늬박이제비나비 7종이 대상이 되었어요. 계속되는 기후 변화 탓에 앞으로 우리나라 나비의 약 13%가 감소할 것으로 예측되었답니다.

대륙을 횡단하는 제왕나비의 운명

'모나크나비'로 불리는 제왕나비는 북아메리카에서 남아메리카를 오가며 사는 장거리 비행 선수입니다. 번식은 캐나다와 미국에서 하고 월동은 멕시코의 고산 지대에서 하지요. 그 거리가 왕복으로 장장 5000킬로미터에 이른답니다.

제왕나비는 해마다 집단으로 이동하는데, 그 규모가 수억 마리나 됩니다. 떼로 모여 월동지로 향하는 동안 하늘은 온통 제왕나비로 뒤덮일 정도지요. 그러나 그 역시 먼 과거의 일이랍니다. 최근 관찰에 따르면 제왕나비는 20여 년 전보다 거의 90%나 감소했다고 합니다. 그동안 제왕나비에게 무슨 일이 있었던 것일까요? 그 뒤를 추적해 볼까요?

세대를 이어가는 장거리 여행

멕시코의 시에라친과산에 서식하는 전나무 숲은 제왕나비가 떼로 겨울잠을 자는 월동지입니다. 녀석들은 날이 풀리는 2~3월에 잠에서 깨어 북쪽으로 이동을 시작하지요. 그리고 미국의 캘리포니아나 플로리다로 흩어져 번식합니다. 그곳에서 1세대의 나비가 태어나지요.

1세대 제왕나비는 다시 북쪽으로 이동하며 2대, 3대의 후손들을 퍼뜨립니다. 로키산맥 주변과 캐나다의 남부 지역에서 여름을 보낸 제왕나비는 다시 멕시코를 향해 이동을 시작하지요. 세대를 이어가며 장거리 여행을 하는 거예요. 그런데 제왕나비는 어떻게 세대가 바뀌어도 가는 길을 잃지 않고 찾아가는 것일까요?

길을 안내하는 박주가리

제왕나비의 애벌레는 박주가리만 먹고 삽니다. 박주가리는 여러해살이의 덩굴식물이에요. 잎이나 줄기를 꺾으면 독성이 강한 하얀 진액이 흘러나오지요. 애벌레는 용케도 그 식물을 좋아해서 어미는 박주가리의 서식지를 따라 이동하지요. 일명 '박주가리 루트'입니다. 먹이를 따라 이동하다 보니 그곳이 자연히 제왕나비의 여행길이 된 것이죠.

천적이 없는 제왕나비

제왕나비는 어미와 애벌레 모두 천적이 거의 없습니다. 그 이유는 박주가리의 '카르데놀라이드'라는 독소 때문이에요. 어미와 애벌레의 몸에는 그 독소가 쌓여 있어 쓴맛이 나고 나쁜 냄새가 나지요.

한 번 맛을 본 새들은 두 번 다시 잡아먹지 않는다고 합니다. 불쾌한 경험으로 먹이를 외면하게 되는 것이죠. 그 증상을 '미각 혐오'라고 합니다. 새들이 꺼리는 제왕나비 떼는 단지 '먹을 수 없는 잔칫상'에 불과한 셈이죠.

제왕나비가 줄어든 까닭은?

보다시피 제왕나비의 천적은 거의 없는 상황이에요. 그렇다면 개체 수가 더 늘어나야 정상입니다. 하지만 현실은 정반대입니다. 무엇이 제왕나비의 번식을 가로막았을까요?

북아메리카 대륙은 해마다 토네이도, 허리케인, 산불 등의 자연재해가 발생합니다. 그때마다 피해 규모가 어마어마하죠. 그러나 그것은 자연적인 현상으로 제왕나비의 개체 수를 줄어들게 한 원인은 되지 않습니다.

진짜 원인은 '글리포세이트'로 불리는 악마의 제초제 때문이에요. 이 제초제는 콩과 옥수수에 강한 저항성을 지니고 있어요. 즉 콩이나 옥수수 농장에 글리포세이트를 뿌리면 두 작물만 살아남고, 나머지 식물은 모두 전멸하고 말지요.

미국의 농장은 넓어서 비행기로 제초제를 살포합니다. 그 과정에서 박주가리 서식지가 대대적으로 파괴되었어요. 지난 20년 동안 사라진 서식지 면적은 자그마치 남한 땅의 5~6배나 된다고 해요. 결국 먹고 살기가 어려워진 제왕나비의 운명은 어떻게 되겠어요? 자손 번식에 문제가 생기니 개체 수가 줄어들 수밖에요.

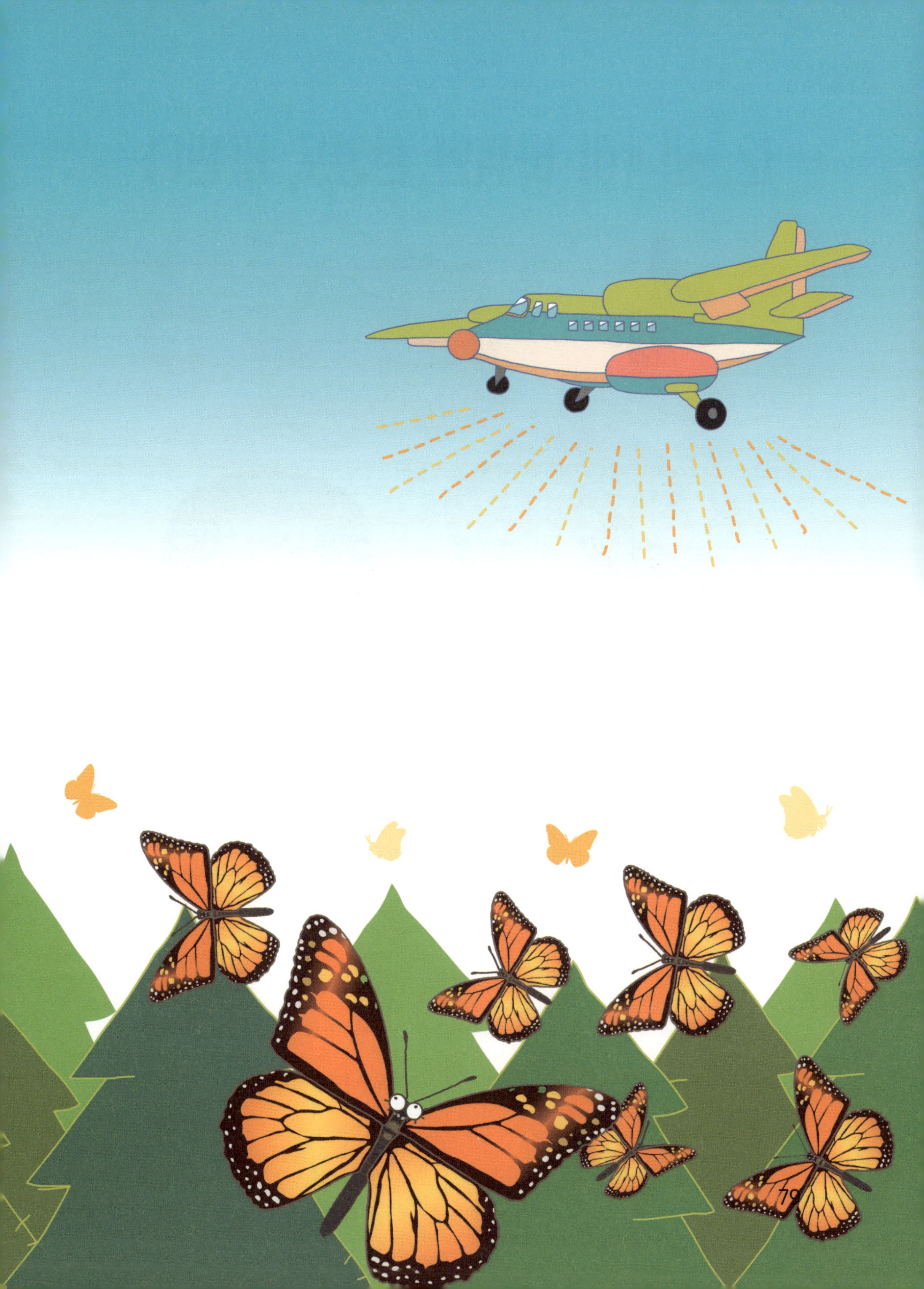

12. 생각이 바뀌면 환경도 바뀐다

　사람은 생태계의 일원으로 살아가며 우두머리의 역할을 하고 있어요. 자연을 인공적으로 바꾸어 생활의 편리함을 얻으려 하지요. 동시에 동식물은 문명으로부터 일방적으로 약탈을 당하지요. 최소한의 생존권마저 보장받지 못한 채 완전히 무시되고 있습니다. 우리는 혹시 현재의 이익 때문에 미래의 중요한 보물을 놓치고 있는 건 아닐까요? 이제는 일방적인 생각이 바뀌어야 합니다. 생각이 바뀌면 세상도 바뀌지요.

　나비는 익충과 해충의 경계를 넘나들며 우리에게 피해보다 이로움을 주고 있어요. 애벌레는 목숨을 바쳐 살아 있는 생태 환경을 만들어 주고 있어요. 나비는 식물의 수분을 도와 열매가 퍼지는 데도 한몫 거들어주고요. 비록 보잘것없이 작은 벌레지만, 우리는 그 벌레로부터 많은 혜택을 받고 있습니다. 그 사실을 인정해 주었을 때, 우리는 그들과 함께 공존하는 세상을 꿈꿀 수 있어요.

농약 치지 않은 배추 한 포기

농부에게 배추 한 포기는 단순한 상품이 아니에요. 땡볕 아래에서, 비바람 속에서 땀과 눈물로 키워 온 소중한 수확물이니까요.

자연재해나 병충해로 농작물이 습격을 당했을 때 농부의 마음은 어떤지 아세요? '하늘이 무너지고 가슴이 찢어지는 슬픔'에 빠진다고 해요. 그런데도 농부에게 '배추 한 포기의 여유를 가지자!'고 제안합니다.

배추가 길러지는 동안 한 포기의 배추만큼은 살충제를 뿌리지 않았으면 좋겠습니다. 수확할 때에도 그 배추 한 포기를 그냥 남겨두면 좋겠습니다. 간절하게 먹이를 찾아 날아다니는 배추흰나비를 위해서요. 그 녀석이 구걸하지 않게 배추 한 포기를 기꺼이 바치는 거예요.

배추 한 포기로 수많은 애벌레의 생명을 구하지는 못해요. 그저 배려할 줄 아는 우리의 마음을 최소한이나마 베풀자는 것이죠. 주말농장으로 텃밭을 가꾸는 사람들도 마찬가지예요. 나비로부터 받는 고마움을 작은 성의로 보답하는 기회가 있으면 하는 바람입니다.

자연에 돌려주는 환경 개선 부담금

 더 좋은 방법이 있다면 우리가 유기농 농산물을 많이 이용하는 것입니다. 소비자들이 유기농 농산물을 계속 찾으면 자연히 살충제의 사용이 줄어들지요. 그 대신 농산물에 벌레가 생기지만, 우리는 좀 더 건강한 농산물을 먹을 수 있습니다. 더불어 나비의 개체 수도 늘어나 풍요로운 환경이 가꾸어질 거예요. 우리의 미래를 위해서 자연으로 돌려주는 '환경 개선 부담금'으로 생각하면 좋을 것 같아요.

공존한다는 것은 서로 나누고 양보해야 가능해집니다. 한쪽에서 일방적으로 빼앗기만 하는 횡포는 이젠 끝내야 해요. 자연으로부터 얻는 10개의 이익 중에 1개쯤은 되돌려 줄 줄 아는 배려가 필요합니다. 부디 여러분도 배추 한 포기를 내주는 마음으로 세상을 너그럽게 바라보는 사람이 되었으면 합니다. 그렇게 지내다 보면 동식물이 숨 쉴 수 있는 공간이 열리고, 서로 공존하는 아름다운 세상이 펼쳐질 거예요.

나비 관련 상식 퀴즈

여러분, 나비에 관해 얼마나 알게 되었나요? 문제를 풀며 더욱 나비와 친해져 보아요!

1. _____은 우리나라의 나비를 채집하여 연구한 나비 박사예요.
2. 나비는 몸이 머리, 가슴, 배로 나뉘어 있어요. (○, ×)
3. 나비는 꿀보다 잎사귀를 좋아해요. (○, ×)
4. 나비는 _____에 활동하고 나방은 밤에 활동해요.
5. 곤충이 자라는 동안 알, 애벌레, 번데기의 세 단계를 거쳐 성충으로 되는 현상을 완전 탈바꿈이라고 해요. (○, ×)
6. 나방 애벌레 대부분은 번데기가 되기 전에 고치를 만들어요. (○, ×)
7. 나비와 애벌레의 먹이는 같아요. (○, ×)
8. 배추흰나비 애벌레는 매운 식물을 좋아해요. (○, ×)
9. 쥐방울덩굴 잎사귀만 먹고 사는 애벌레는 꼬리명주나비 애벌레예요.
 (○, ×)
10. 생물이 태어나서 죽을 때까지의 과정을 _____라고 해요.
11. 알에서 태어난 애벌레가 처음 먹는 것은 잎사귀예요. (○, ×)
12. 애벌레는 허물을 벗을 때마다 1령씩 나이를 먹어요. (○, ×)
13. 보호색은 애벌레를 눈에 잘 띄게 해주어요. (○, ×)
14. 날개돋이를 다른 말로 _____라고 해요.

15. 대부분의 애벌레는 식물을 먹는 1차 소비자예요. (○, ×)

16. 익충과 해충의 기준을 나눈 것은 곤충이에요. (○, ×)

17. 먹이 피라미드에서 식물은 ＿＿＿＿＿＿＿＿예요.

18. 나비와 애벌레의 가장 큰 천적은 사람이에요. (○, ×)

19. 애벌레 중에 육식을 먹는 종은 없어요. (○, ×)

20. 종류가 다른 생물이 서로 도우며 함께 사는 일을 ＿＿＿＿＿＿＿＿이라고 해요.

21. 모든 나비는 번데기로 겨울을 보내요. (○, ×)

22. 대륙을 횡단하는 제왕나비는 박달나무를 좋아해요. (○, ×)

23. 나비는 식물의 수분을 도와 열매가 퍼지는 데도 한몫 거들어요. (○, ×)

24. 소비자들이 ＿＿＿＿＿＿＿＿ 농산물을 계속 찾으면 자연히 살충제의 사용이 줄어들어요.

25. 공존한다는 것은 서로 나누고 양보해야 가능해요. (○, ×)

정답
01 석주명 02 ○ 03 × 04 낮 05 ○ 06 ○ 07 × 08 ○ 09 ○
10 한살이 11 × 12 ○ 13 × 14 우화 15 ○ 16 × 17 생산자 18 ○
19 × 20 공생 21 × 22 × 23 ○ 24 유기농 25 ○

나비 관련 단어 풀이

플랑크톤 : 물속에서 물결에 따라 떠다니는 작은 생물을 통틀어 이르는 말. 물속 먹이 사슬에서 최하위층을 이루는 생물 집단.

곤충망 : 포충망. 벌레를 잡는 데 쓰는 오구 모양의 촘촘한 그물.

야생 : 산이나 들에서 저절로 나서 자람. 또는 그런 생물.

진화 : 생물이 환경에 적응하며 단계적으로 발달해 가는 현상.

퇴화 : 생물체의 기관이나 조직의 형태가 단순화되고 크기가 감소하는 등 진화나 계통 발생과 개체 발육 과정에서 퇴행적으로 변화함. 또는 그런 변화.

서식지 : 생물 따위가 일정한 곳에 자리를 잡고 사는 곳.

석주명 : 생물학자. 곤충, 특히 나비 연구에 업적을 남김. 미국 나비목 학회 회원이었고, 국립 과학 박물관 연구원장을 지냄. 저서에 《접류 목록(蝶類目錄)》 따위가 있음.

학명 : 학술적 편의를 위하여, 동식물 따위에 붙이는 이름. 스웨덴의 식물학자 린네가 창안한 것으로 라틴어를 사용하여 앞에는 속명(屬名)을, 그다음에는 종명(種名)을 붙이는 이명법으로 되어 있음.

시맥 : 날개맥. 곤충의 날개에 무늬처럼 갈라져 있는 맥. 번데기 시기에 체액이 흐르고 기관과 신경이 분포하여 대사를 맡아봄. 곤충 분류의 중요한 기준이 됨.

페로몬 : 동물, 특히 곤충이 분비·방출하여 같은 종류에게 어떤 행동을 일으키게 하는 물질. 무리에게 위험을 알리는 경보 페로몬, 이성을 꾀는 성페로

몸 따위가 있음.

완전 탈바꿈 : 완전 변태. 곤충류의 변태 형식의 하나. 곤충이 자라는 동안 알, 애벌레, 번데기의 세 단계를 거쳐 성충으로 되는 현상으로 나비, 벌, 모기, 파리 따위에서 볼 수 있음.

번데기 : 완전 탈바꿈 하는 곤충의 애벌레가 성충으로 되는 과정 중에 한동안 아무것도 먹지 아니하고 고치 같은 것의 속에 가만히 들어 있는 몸. 겉보기에는 휴식 상태 같지만 애벌레의 기관과 조직이 성충의 구조로 바뀌는 중요한 시기임.

고치 : 벌레가 실을 내어 지은 집. 활동 정지 상태에 있는 곤충의 알, 애벌레, 번데기를 보호함.

침낭 : 겹으로 된 천 사이에 솜, 깃털 따위를 넣고 자루 모양으로 만든 침구. 주로 야영할 때 씀.

번식기 : 동물이 새끼를 치는 시기.

생존율 : 어느 특정 집단 가운데 일정 기간 생존하는 대상의 비율.

산란기 : 알을 낳을 시기.

영양실조 : 영양소의 부족으로 몸에 이상이 생기는 현상.

천적 : 동물 중에서 자기를 먹이로 삼는 무리.

본능 : 어떤 생물 조직체가 선천적으로 하게 되어 있는 동작이나 운동. 아기가 젖을 빤다든지 병아리가 알을 깨고 나오는 행동 따위.

면역력 : 외부에서 들어온 병원균에 저항하는 힘.

키틴질 : 곤충류나 갑각류의 외골격을 이루는 물질.

보호색 : 다른 동물의 공격을 피하고 자신의 몸을 보호하려고 다른 동물의

눈에 띄지 아니하도록 주위와 비슷하게 되어 있는 몸의 색깔. 가랑잎나비, 메뚜기, 송충이 따위의 몸 색깔 같은 것.

불완전 탈바꿈 : 불완전 변태. 알로부터 시작하여 성충이 되기까지 번데기의 시기를 거치지 않고 유충이 곧 성충으로 되는 변태를 이름. 날개나 외부 생식기의 기관 원기가 이미 유충기에 외부에 나타나고 탈피 때마다 성충 모양으로 가까워짐. 원시적 곤충류인 하루살이, 잠자리, 바퀴 따위에서 볼 수 있음.

익충 : 사람에게 이익을 주는 곤충. 생활에 필요한 물건을 생산하는 누에나 꿀벌, 해충을 잡아먹는 잠자리, 버마재비, 꽃가루받이를 돕는 나비나 꿀벌 따위.

해충 : 인간의 생활에 해를 끼치는 벌레를 통틀어 이르는 말. 사람의 몸에 기생하는 이나 벼룩, 회충 따위와 옷이나 음식물에 기생하는 좀, 바퀴 따위, 농작물과 과실나무에 기생하는 응애 따위.

수분 : 꽃가루받이. 종자식물에서 수술의 꽃가루가 암술머리에 옮겨 붙는 일. 바람, 곤충, 새, 또는 사람의 손에 의해 이루어짐.

생태계 : 생물과 무생물이 조화롭게 순환하는 환경 체계.

생산자 : 살아가는 데 필요한 양분을 스스로 만드는 식물.

종자 : 식물의 씨앗이나 동물의 새끼.

수술 : 식물 생식 기관의 하나. 꽃실과 꽃밥의 두 부분으로 되어 있음.

암술 : 종자식물에서 꽃의 중심부에 있는 자성(雌性) 생식 기관. 꽃을 구성하는 중요한 부분으로, 암술머리, 암술대, 씨방의 세 부분으로 되어 있음.

수정 : 동식물의 암수가 서로 만나서 합쳐짐.

표본 : 생물의 몸 전체나 그 일부에 적당한 처리를 가하여 보존할 수 있게 한 것.

알레르기 : 낯선 접촉으로 신체에 정상과는 다르게 나타나는 거부 반응.

소비자 : 생태계에서, 스스로 양분을 만들지 못하고 다른 생물을 통하여 영양분을 얻는 생물체.

분해자 : 생태계에서, 죽은 생물체나 동물의 배설물 또는 그 분해물을 분해하는 미생물. 유기물을 무기물로 분해하는 세균이나 곰팡이 따위.

먹이 피라미드 : 생태계 안에서 먹이 사슬에 의하여 이루어지는 생물의 수와 양을 표시하는 피라미드 모양의 관계. 저마다의 먹이 사슬에서 보통 먹히는 생물은 잡아먹는 생물보다 번식력이 강하여 수가 많고, 먹이 사슬의 가장 아래 단계인 생산자에서 위 단계로 올라갈수록 그 개체 수가 줄어듦.

먹이 사슬 : 생태계에서 먹이를 중심으로 이어진 생물 간의 관계.

진수성찬 : 푸짐하게 잘 차린 맛있는 음식.

인큐베이터 : 보육기. 미숙아나 출생 때 이상이 있는 아기를 넣어서 키우는 기계 장치.

조릿대 : 볏과의 여러해살이 식물. 높이는 1~2미터이며, 잎은 긴 타원형의 피침 모양. 줄기는 조리를 만드는 데에 쓰고 잎은 약용하며, 열매는 식용함.

진딧물 : 풀이나 나무의 잎 또는 가지에 붙어서 진을 빨아 먹고 사는 아주 작은 벌레.

세대 : 한 생물이 생겨나서 생존을 끝마칠 때까지의 기간.

신진대사 : 물질대사. 생물체가 몸 밖으로부터 섭취한 영양물질을 몸 안에서 분해하고, 합성하여 생체 성분이나 생명 활동에 쓰는 물질이나 에너지를 생

성하고 필요하지 않은 물질을 몸 밖으로 내보내는 작용.

자연 녹지 : 인공적으로 만들지 아니하고 원래부터 있던 녹지.

기후 변화 : 일정 지역에서 오랜 기간에 걸쳐서 진행되는 기상의 변화.

생물 지표 : 서식하는 생물의 종류로써 그곳의 대기나 수질 따위의 오염도를 알 수 있는 지표. 옆새우, 강도래가 서식하면 깨끗한 물로, 실지렁이류만이 서식하면 오염된 물로 볼 수 있음.

고산 지대 : 높은 산의 지대. 해발 2000미터 이상의 산악으로 이루어진 곳으로 계곡이 깊고 산비탈의 경사가 급한 곳을 이름.

월동지 : 동물이 겨울 추위를 피해 모이는 따뜻한 곳.

토네이도 : 미국 중남부 지역에서 일어나는 강렬한 회오리바람. 특히 봄에서 여름에 걸쳐 많이 발생하며 파괴력이 큼.

허리케인 : 대서양 서부의 카리브해, 멕시코만과 북태평양 동부에서 발생하는 강한 열대성 저기압. 많은 비를 동반함.

병충해 : 농작물이 병과 해충으로 입은 피해.

환경 개선 부담금 : 환경 오염 물질을 다량으로 배출하는 건물, 시설물의 소유자나 점유자에게 부과하는 오염 물질 처리 비용.

유기농 : 화학 비료나 농약을 쓰지 아니하고 유기물을 이용하는 농업 방식.

횡포 : 제멋대로 굴며 몹시 난폭함.